LE CAFÉ

LITTÉRAIRE,

OU

LA FOLIE DU JOUR,

COMÉDIE-PROLOGUE

SANS PRÉFACE,

Représentée tous les jours & selon les circonstances.

PAR M\ᵉ. C*** D***.

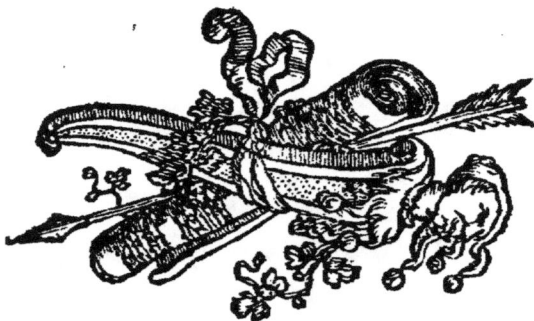

A ATHENES,

Et se trouve à PARIS,

Chez LEROY, Successeur de M. Lottin le jeune,
Libraire, rue Saint-Jacques ;
Et chez les Marchands de Nouveautés.

1785.

ACTEURS.

PARNASSOT, Maître du Café.

SAUVELARIME, ⎫
LA CÉSURE, ⎬ Garçons du Café.

L'IMPÉRATIF,
PINCE-SERRÉ,
DURIMET,
LIMEDOUCE, ⎬ Auteurs.
GUILLEMET,
SONGECREUX,
UN ÉTRANGER,
DIVERS PARTICULIERS.

La Scene est au Café Littéraire du sieur Parnassot.

AVIS DE L'ÉDITEUR.

Cette Piece faite pour critiquer des folies, en est peut-être une elle-même : aussi ne s'avise-t-on pas de vouloir la défendre à toute outrance, de soutenir qu'elle est bonne dans tous ses principes.

On a seulement voulu faire la part des rieurs, pour dissiper l'ennui que cause ordinairement toute espece de dissertation à nombre de Lecteurs, & prouver qu'il est aisé de faire des farces. Ce qu'il y a de certain, c'est que toutes burlesques que soient les dernieres scenes de cette Piece, elles sont calquées d'après nature, & je suis persuadé qu'elles se renouvelleroient souvent à nos yeux, s'il s'établissoit réellement un Café sur le pied de celui-ci.

On prévient les Relieurs, chargés de relier la *Folle Journée,* de ne pas manquer d'y joindre ce Prologue.

LE CAFÉ
LITTÉRAIRE,
COMÉDIE-PROLOGUE.

SCENE PREMIERE.

Le Théatre repréfente une falle de Café.

Au milieu eft un poële économique furmonté d'un Mont-Parnaffe, compofé felon le fyfême des Littérateurs modernes, & conféquemment tout l'oppofé de celui que M. Titon du Tillet a élevé à la gloire du fiecle de Louis XIV.

Chaque table eft garnie d'encre, de papier & d'une infcription relative aux Feuilles & aux Brochures qui leur eft propre.

On apperçoit, dans le fond, une Bibliotheque fort en défordre.

Parnaffot & deux Garçons arrangent la falle.

Parnaffot eft cœffé d'un petaffe ou bonnet de Mercure, les Garçons en ont un à-peu-près femblable, excepté que les ailes rabattues forment des oreilles de Midas.

PARNASSOT.

P ESTE foit des Auteurs! tout eft ici fans deffus deffous.

A 2

SAUVELARIME.

Comme leurs idées.

PARNASSOT.

C'eſt la même choſe. Tenez, voyez un peu les Parades, les Vaudevilles, les Comédies ſont ſur la table des tragiques !

LA CÉSURE.

Et ces extraits devroient - ils ſortir du poële. (*Il les remet ſur le poële. A ſon camarade.*) Tiens, voilà pour la table des romanciers, ceci pour celle des critiques.

PARNASSOT.

Oh ! ces feuilles - là ſont faites pour circuler partout, on en eſt inondé. Dépêchons, mes amis, car c'eſt aujourd'hui la premiere repréſentation des *Auteurs Modernes.* Nous ne ſçaurons à qui répondre.

SAUVELARIME.

Sans doute, c'eſt la cauſe commune, un cri de guerre, je crois même, M. Parnaſſot, qu'il ſeroit prudent de faire apoſter des ſentinelles.

PARNASSOT.

Oh que non, les querelles entre ces Meſſieurs ne ſont pas dangereuſes, force propos, écrits bien mordans, cabale au parterre, intrigue au foyer ; & s'il y a du ſang répandu, ce n'eſt que dans leur Piece, ou bien à la porte parmi cette foule qui a la fureur de venir s'y étouffer.

SAUVELARIME.

Et pourquoi ? Pour ne rien entendre, car la plupart de ce monde-là touffant, crachant, criant, bien crotté, bien foulé, fort tumultueufement & feroit bien embarraffé de rendre compte de ce qu'il a vu. Mais quelqu'un vient.

SCENE II.

UN ETRANGER, *les précédents.*

SAUVELARIME.

QUE fouhaitez-vous, Monfieur ?

L'ETRANGER.

Dites-moi un peu, mon ami, cette maifon eft-elle un de ces *Mufées*, de ces *Clubs* dont parlent les papiers, car j'arrive dans l'inftant ?

PARNASSOT.

Non, Monfieur, mais à-peu-près.

L'ETRANGER.

Comment à-peu-près! Votre infcription eft cependant pofitive.

PARNASSOT.

Auffi, Monfieur, ce qui fe paffe ici y répond-il parfaitement. C'eft l'affemblée cafuelle & journaliere de tous nos jeunes Littérateurs, qui, après

A 3

s'être bien chamaillés, vont jeter fur le papier le réfultat de leurs réflexions.

L'ETRANGER.

J'entends, de leur imagination, en forte que cela vous rapporte plus de bruit que de profit.

PARNASSOT.

Détrompez-vous, Monfieur, le bénéfice eft clair.

L'ETRANGER.

Eh! comment cela!

PARNASSOT.

Parce que je me fais payer comptant & que la gente littéraire pullulant plus que jamais, j'ai vu que moi qui me mélois auffi de faire de l'efprit, de le louer même à l'occafion, fans en devenir plus riche, je pourrois tirer parti de la fottife des autres. En effet mon Café ne défemplit pas, vous le voyez.

(*Plufieurs Auteurs entrent & fe placent.*)

L'ETRANGER.

Oui, je vois là beaucoup de monde, mais où eft le bénéfice ?

PARNASSOT.

Dans les petits gains multipliés ; car vous fentez bien, Monfieur, que fi un Auteur n'a pas foupé, il faut au moins qu'il déjeûne.

L'ETRANGER.

Ou que quelqu'un lui paie à dîner.

PARNASSOT.

Juſtement..... de la petite doſe de café, car c'eſt le reſtaurant, le véhicule des Muſes, ſur-tout depuis que nos jeunes gens ſçavent l'uſage exceſſif qu'en faiſoit le célebre *VOLTAIRE.*

(*Ici les deux garçons ſont ſortis.*)

(*Une voix s'éleve du fond du Café ; paroît un Auteur qui, après avoir frappé ſur une des tables de marbre, vient comme un furieux, une Brochure à la main.*)

SCENE III.

L'IMPÉRATIF, *les précédents.*

L'IMPÉRATIF.

C'EST révoltant, je n'y tiens pas.

PARNASSOT.

A qui en avez-vous donc, Monſieur?

L'IMPÉRATIF.

Au Public, à toute la Nation.

PARNASSOT.

Mais qui ne me paiera pas ma table caſſée. Parbleu, Monſieur, pour une bavaroiſe & un petit pain vous me faites là une belle affaire ; vous la paierez, s'il vous plaît. Elle eſt en deux.

L'IMPÉRATIF.

Ne craignez rien, Monsieur Parnaſſot, ne craignez rien.

PARNASSOT.

Si fait, Monsieur, je crains tout ; qui me rembourſera, je vous prie ?

L'IMPÉRATIF.

Le Caiſſier de la Comédie.

PARNASSOT.

Mauvaiſe caution, Monsieur ; il y a dix ans qu'à vous entendre vous êtes ſur le répertoire, & ce n'eſt jamais votre tour.

L'IMPÉRATIF.

A qui la faute ? mais ne murmurons plus, les rôles ſont diſtribués, & j'ai parole pour la premiere répétition à la ſemaine prochaine.

PARNASSOT.

Cette ſemaine-là ſera encore long-temps à venir, Monsieur. Enfin il faut bien prendre patience.

L'IMPÉRATIF.

Sans doute, & la recette, mon cher Parnaſſot, me récompenſera bien de l'attente.

PARNASSOT.

La recette ? je le ſouhaite, Monsieur, mais je doute que le Caiſſier lui-même voulût vous faire quelques avances.

L'Impératif.

Fi donc, je retirerois plutôt mon manufcrit...

Parnassot.

Mais, entre nous, ce feroit peut-être très-prudent, car les meilleures Pieces...

L'Impératif.

Eh! fans doute, mon ami, du bavardage, des farcafmes, c'eft l'abus de l'efprit qui triomphe aujourd'hui, & c'eft décourageant.

L'Etranger, *s'approchant.*

Monfieur, je fuis étranger, je viens pour m'inftruire, & vous me paroiffez aimer les bons principes.

(*Parnaffot va & vient dans fa maifon.*)

L'Impératif.

Mais affurément, Monfieur, —— autrement il ne faut pas fe mêler d'écrire. Tenez, lifez, & jugez-en vous-même. (*Il lui remet la Brochure*).

L'Etranger.

La Folle Journée. Je connois cette Piece, & je viens même en quelque forte pour la voir jouer à Paris; car, en honneur, fi on la comprend en Province.—— Eft-ce la faute de la Piece ou des Acteurs?

L'Impératif.

Des Acteurs, Monfieur, parce que dans le fait cette Piece n'eft qu'un canevas, un rempliffage, un *imbroglio,* en un mot, dont le vrai mérite ne confifte que dans le jeu, & voilà pourquoi on casseroit vingt tables comme celle-ci en voyant un pareil scandale.

L'ÉTRANGER.

Doucement donc, Monsieur, modérons-nous.

L'IMPÉRATIF.

Comment, Monsieur, soixante-quatorze représentations & toujours la même fureur, le même enthousiasme ! —— Laisser impitoyablement sécher sur pied vingt Hommes de Lettres qui attendent le juste tribut de leurs veilles ! —— Monsieur, —— cela ne se digere pas facilement ; je veux en avoir raison.

L'ÉTRANGER.

Mais encore, Monsieur, ce déchaînement pourroit vous donner un ridicule, vous faire même soupçonner de jalousie, prenez-y garde au moins.

L'IMPÉRATIF.

Eh ! non, Monsieur, mon silence feroit au contraire une lâcheté, l'amour de l'art me justifie !

L'ÉTRANGER.

J'avois d'abord pensé comme vous ; mais, ma foi, depuis que j'ai lu la Préface, je ne sçais plus à quoi m'en tenir, l'Auteur m'entraîne, me séduit.

L'IMPÉRATIF.

Eh ! oui, voilà le mot. Cet Ecrivain n'en a jamais fait d'autre, il badine, folâtre, pince, emporte la piece si adroitement tout en chatouillant la malignité,

qu'il nit toujours par mettre les rieurs de fon côté,
en forte que l'homme de bon-fens n'a plus l'air que
d'un fot. Or, Monfieur, vous conviendrez qu'il eft
effentiel de s'élever contre un pareil abus; car enfin
parlons notre langage.

Tout Auteur Dramatique

Ne doit donc plus prétendre au plus petit fuccès?
Il faudra que, pour plaire, il outre le Comique,
Qu'il faffe un bal mafqué du Théatre François.
La fcene, je le fçais, doit exciter le rire,
Mais le farcafme feul corrige-t-il les mœurs?

L'ETRANGER.

Non, le premier devoir de Thalie eft d'inftruire,
D'égayer la raifon pour nous rendre meilleurs.

L'IMPÉRATIF.

Or donc, mon cher Monfieur, d'une gaîté trop folle
Gardons-nous d'imiter les travers dangereux;
Un Ouvrage exalté, plein d'efprit, mais frivole,
Corrompt les Spectateurs & le goût avec eux.
C'eft en vain qu'ourdiffant une belle Préface,
Dans fes filets dorés l'Auteur croit m'avoir pris,
Je relis, je médite & ne vois qu'une farce
Qu'un fol enthoufiafme a mis à trop haut prix.

L'ETRANGER.

En effet pourfuivez... Ce qui vous juftifie,
C'eft la honte de voir dégrader parmi nous
L'art fublime & profond, l'art de la Comédie,
Cet art fait pour inftruire, & non pour plaire aux fous,

L'Impératif.

Auſſi, ſans amertume & par ſes propres armes,
Je veux, en combattant ſes brillantes erreurs,
Prouver que le motif de mes juſtes alarmes
N'a pour but que l'amour des Lettres & des mœurs.
Car enfin reliſons, l'intrigue & la licence
Pour confondre à leur gré cet époux ſuborneur,
Par l'attrait du plaiſir égarent l'innocence...

L'Etranger.

C'eſt le code enjoué d'un perfide enchanteur.

L'Impératif.

Comme il eſt dangereux cet étourdi de Page!
Et comment excuſer dans ſon égarement,
Cette femme d'honneur, qui, ſi douce & ſi ſage,
Permet que ſon valet lui ſuppoſe un amant?

L'Etranger.

L'intrigue l'exigeoit.

L'Impératif.

Mais la délicateſſe
Devoit lui commander de ſe reſpecter mieux:
Oui, malgré ſon eſprit, ſa gaité, ſa fineſſe,
Je ſoutiens que l'Ouvrage eſt très-pernicieux.

L'Etranger.

Bravo! —— Monſieur, bravo! —— Vous
entrez parfaitement dans mon ſens: & je veux abſolument faire votre connoiſſance.

L'Impératif.

Très-volontiers, Monſieur, mais parlons franche-
ment, vous êtes Auteur, à ce qu'il me paroît?

L'ETRANGER.

Si quelques Ecrits échappés à ma plume méritent ce titre honorable.

L'IMPÉRATIF.

En ce cas, Monfieur, nous bornerons donc notre intimité à la fimple connoiffance, comme vous difiez très-bien.

L'ETRANGER.

Eh! pourquoi donc, Monfieur, ne pas aller jufqu'à l'amitié?

L'IMPÉRATIF.

Parce que je fuis Auteur auffi moi, & que certainement nous ne fommes pas plus privilégiés que les autres pour faire une exception à la regle.

L'ETRANGER.

Mais pardonnez-moi, Monfieur, j'ai des amis dans les Lettres.

L'IMPÉRATIF.

Vous le croyez, Monfieur... laiffez échapper un feul petit mot qui donne prife à la critique; avifez-vous, même fans malice, de contredire le plus petit de ces chers amis, & vous verrez ce qui en arrivera.

L'ETRANGER.

Mais, en vérité, Monfieur, à vous entendre, il fuffiroit d'être Homme de Lettres, pour avoir un mauvais cœur.

L'IMPÉRATIF.

Non, pour tout ce qui ne tient pas à cette qualité. Ils font fouvent bons peres, bons parents, bons amis d'ailleurs. Mais comme les dons de l'efprit font volontiers enfants de l'amour-propre, les Littérateurs entr'eux, femblables aux faux dévots, ne fe pardonnent rien.

L'Etranger.

Hélas ! il en eft ainfi de tous les états de la vie, & particuliérement parmi les Artiftes.

L'Impératif.

C'eft vrai.

L'Etranger.

Ma foi, Monfieur, lorfqu'on eft d'auffi bonne foi que vous, on doit avoir le cœur excellent. Je veux abfolument faire un cours d'amitié avec vous, un petit effai enfin, car voilà le mot.

L'Impératif.

D'accord, mais je n'en réponds pas.

(*On entend des éclats de rire.*)

L'Etranger.

A qui donc ces Meffieurs en ont-ils ? Eft-ce à nous qu'ils s'adreffent ?

SCENE IV.

PLUSIEURS AUTEURS, *les précédents.*

GUILLEMET.

Oui, Monfieur, pardonnez-nous ce mouvement de gaieté ; mais le pacte que vous venez de faire avec notre ami, eft trop plaifant, pour ne point en rire.

L'ETRANGER.

Notre ami ! Vous voyez donc, Monfieur, que vous en avez auffi.

L'IMPÉRATIF.

Oh ! entre nous ce mot-là eft fans conféquence ; cela n'empêche pas qu'on ne fe déchire à belles dents, lorfque l'occafion s'en préfente : le Public lui-même, tout en trouvant ridicules nos querelles, feroit très-fâché qu'il régnât une paix éternelle dans la République des Lettres : il paie même d'avance pour cela & retireroit fouvent fa foufcription, s'il ne jouiffoit de temps en temps du fpectacle de nos débats.

L'ETRANGER.

C'eft donc une maladie épidémique, car chez nous c'eft la même chofe.

SONGECREUX.

Néanmoins , Meſſieurs , diſtinguons la critique d'une ſatyre odieuſe & perſonnelle ; car , comme dit très-bien l'Auteur de la *Folle Journée* , « une critique
» générale eſt un des plus nobles buts de l'art : elle
» corrige ſans bleſſer & porte du fruit. La ſatyre
» au contraire auſſi ſtérile que funeſte , bleſſe tou-
» jours & ne produit jamais ».

L'ÉTRANGER.

C'eſt donc pour quoi je ſuis étonné qu'aucun de vous n'ait fait une critique honnête & raiſonnée de ſa Piece , & ſur-tout de la préface.

L'IMPÉRATIF.

Juſtement , j'allois vous en entretenir , & ſi vous voulez.... j'en ai déjà jeté ici quelques mots.

L'ÉTRANGER.

Très-volontiers. Je ſuis curieux de voir comment vous vous y prenez.

PLUSIEURS AUTEURS.

Et nous auſſi. ... Voyons , raſſemblons-nous au-tour de cette table , c'eſt celle des Critiques.

SONGECREUX.

Prenez-y garde , car dès le premier mot l'Auteur vous met hors des gonds.

L'IMPÉRATIF.

Hors des gonds !

SONGECREUX.

SONGECREUX.

Eh oui : ne dit-il pas que ce feroit une recherche oifeufe que d'examiner s'il a mis au Théatre une Piece bonne ou mauvaife, parce qu'il n'eft plus temps ?

L'IMPÉRATIF.

Faux-fuyant que cela : notre Auteur fent fi bien qu'il eft toujours temps de défendre un Ouvrage dans lequel on a mis fa gloire, que non feulement il s'efforce à prouver qu'il n'eft pas blâmable, mais encore qu'il eft bon, mais très-bon dans tous fes points.

SONGECREUX.

Ce n'eft donc qu'un mot vague ou bien préfomp-tueux, que celui qui fait entendre qu'il juge fa Piece abfolument bonne par fon fuccès : car enfin, Meffieurs, vous fçavez mieux que perfonne, que l'enthoufiafme n'eft fouvent que le réfultat des cir-conftances. Un Auteur connu pour exceller dans l'art de la plaifanterie & qui fe trouve dans une certaine pofition, excite la curiofité. Alors la malice s'éveille & ne manque pas d'annoncer, fix mois d'avance, plus de méchancetés qu'il n'a eu deffe'n d'en mettre dans fon Ouvrage. De là chacun dit fon mot, fait des allufions, les têtes fe montent, on veut voir ; & voilà comme, avec de la *roideur* & de la *patience*, on parvient auffi à gliffer affez de hardieffes, pour faire porter une Comédie aux nues, avant même que qui que ce foit l'ait comprife, & c'eft ce qui eft arrivé.

B

L'ÉTRANGER.

Oui, mais, comme l'Auteur dit fort bien, perfonne n'eſt tenu de faire une Piece qui reſſemble aux autres, & vous conviendrez que la *Folle Journée* eſt abſolument originale.

L'IMPÉRATIF.

Oh ! très-originale, mais cela prouve-t-il que les regles adoptées par cet Ecrivain ſoient bonnes ?

L'ÉTRANGER.

Au contraire, je les crois très-mauvaiſes.

L'IMPÉRATIF.

Donc le nouveau ſentier qu'il s'eſt frayé n'eſt point une découverte ; car enfin MM. *Plaute*, *Térence*, *Moliere* & *Regnard* l'emporteront, je crois, toujours ſur *Ariſtophane* & notre ami *Scarron* ?

SONGECREUX.

Aſſurément.

L'ÉTRANGER.

Mais pourquoi donc s'eſt-il élevé contre cette Piece tant de rumeurs ?

L'IMPÉRATIF.

Parce que le trait qui nous pourſuit, « le mot qui » importune reſte enſeveli dans le cœur, pendant » que la bouche ſe venge en blâmant preſque tout » le reſte ».

L'ÉTRANGER.

En ce cas, c'eſt donc la faute de l'Ecrivain ; il

ne devoit pas , dans une critique générale , lancer de ces traits particuliers.

L'IMPÉRATIF.

Oui , mais cela fait du tapage & c'est ce qu'il faut ; au reste , Messieurs , s'il est vrai qu'il y a très-loin du mal que l'on dit d'un Ouvrage à celui qu'on en pense, c'est essentiellement dans une cause personnelle, mais non à l'égard d'une Comédie, parce que devant être une leçon utile à la société , c'est le sentiment général qui décide ; alors ce prétendu point établi au Théatre, *que ce qui affecte le plus est ce dont on parle le moins*, ne devient plus qu'une épigramme , & non un passe-port à la postérité.

L'ÉTRANGER.

Bon.

L'IMPÉRATIF.

Voyez, Messieurs, comme on entend ici à dorer la pillule, tout en nous traitant de bégueules, tout en nous accablant d'injures , le ton ironique que l'on prend a l'air d'un raffinement, pour mieux nous faire goûter des vérités, lorsque dans le fait ce n'est qu'un persifflage très-piquant.

GUILLEMET.

En effet il est très-déplacé d'assimiler toute une Nation, qui, malgré qu'on en dise, aime & connoît la franche & vraie gaieté , à cette multitude dont le faux goût ne se plaît que dans les extravagances; c'est même une ingratitude que d'insulter cette classe lorsqu'elle seule soutient la réputation de notre Ouvrage.

L'Impératif.

Oui, mais vous ignorez donc que c'eſt en ſouffle-
tant cette claſſe là qu'on s'en fait admirer ? le Vau-
deville même de la Piece le dit.

L'Etranger.

Pour moi, Meſſieurs, je crois auſſi que ce n'eſt
ni la ſottiſe, ni la dépravation du goût qui conſti-
tuent le caractere de la Nation Françoiſe; on l'attire
bien quelquefois dans le cercle étroit d'une Salle
de Spectacle, mais la vraiment bonne compagnie
en ſort & ſçait qu'en penſer.

L'Impératif.

Auſſi n'eſt-ce point ces fauſſes interprétations,
ce reſpect aveugle pour les grands mots de *décence*
& de *bonnes mœurs* qui égarent le jugement de ce que
j'appelle le Public national, ni qui empêchent les
Auteurs de faire de bonnes Comédies.

L'Etranger.

Non, ſans doute, c'eſt la difficulté de l'art en lui-
même, c'eſt la gloriole de vouloir obtenir une réputation éphémere, qui fait que l'on préfere un honneur paſſager à celui de s'immortaliſer par des travaux vraiment utiles.

L'Impératif.

Croyez-vous auſſi, Meſſieurs, qu'il y auroit aujourd'hui plus de difficulté à mettre au Théatre les
Plaideurs & *Turcaret* que dans leur origine ?

SONGECREUX.

Non, certainement. Ce paragraphe tout piquant qu'il
foit dans la Préface, n'eft qu'une aftuce littéraire,
pour prouver combien il eft difficile de faire ad-
mettre de certains farcafmes ; car il y a bien moins
aujourd'hui de fermentation & de partis dominants
qu'il y en avoit alors. La fageffe du Gouvernement
a fi bien réglé les devoirs refpectifs de chacun des
membres qui compofent la fociété, qu'ils feroient
les premiers à applaudir au vrai Philofophe qui
inftruiroit en amufant, mais non à un Ecrivain lan-
çant feulement des épigrammes, fans qu'il en puiffe
réfulter le moindre avantage pour l'inftruction publique.

L'IMPÉRATIF.

Ainfi, Meffieurs, vous ne regardez donc point
comme des corps refpectables, ces petites coteries,
ces fectes partielles qu'une infinité de nos Confreres
ont intérêt de mettre en jeu ?

SONGECREUX.

Eh non, ce font des géants de leur façon pour
faire croire à la multitude qu'ils ont une légion
d'ennemis très-puiffants à redouter.

GUILLEMET.

On connoît depuis long temps ce petit manege,
& moi-même qui vous parle, je m'en fuis quelquefois très-bien trouvé.

L'ETRANGER.

Cependant, Meffieurs, convenons qu'il y a des

B 3

puiſſances réelles dont la réſiſtance n'eſt pas facile à vaincre, & qu'il eſt dangereux d'attaquer.

L'Impératif.

D'accord, & je ſuis d'avis que ces puiſſances là ont raiſon de ſe faire reſpecter; mais ſi quelques mécoqtents particuliers pouvoient encoŗé cabaler contre l'œuvre ſublime du *Tartuſſe*, les *Plaideurs* & *Turcaret*, ces Pieces là étant des ouvrages de génie où le ſel de la plaiſanterie aſſaiſonne une ſage philoſophie, je ſuis perſuadé qu'elles ſeroient admiſes avec moins de difficulté que la *Folle Journée* qui n'eſt qu'un tiſſu brillant de ſarcaſmes, un ouvrage extravagant auſſi contraire aux principes de la moralité dramatique qu'aux regles immuables de l'art.

L'Etranger.

Oui, Meſſieurs, je le répete, c'eſt la difficulté ſeule de cet art qui fait que nos Auteurs tournillent dans des incidents impoſſibles, qu'ils perſifflent au lieu de rire.

Songecreux.

Ils prennent bien leur modele dans la ſociété, mais ils n'en font que de foibles caricatures, de froides miniatures joliment encadrées.

L'Impératif.

Auſſi dit-on ici qu'on a réfléchi que ſi quelqu'homme courageux ne ſecouoit pas la pouſſiere dans laquelle croupiſſent nos Auteurs, l'ennui des Pieces françoiſes acheveroit de pervertir toute la Nation.

Songecreux.

Ah ! c'eſt-à-dire qu'en ramaſſant toute cette pouſſiere & nous la jetant dans les yeux, on nous rend la
lumiere, que les bönnes mœurs, la décence, le
goût pour les chef-d'œuvres de nos grands Maîtres
vont enfin reprendre leur empire ; en vérité une
cure auſſi brillante eſt très-glorieuſe, mais je doute
qu'elle puiſſe s'émaner de la *Folle Journée.*

L'Etranger.

Que voulez-vous, voilà comme on s'aveugle ſoi-
même, & ce n'eſt pas faute de talent de la part de
l'Auteur : cependant je n'entends pas trop ce qu'il
veut faire comprendre par une diſconvenance ſociale.

L'Impératif.

Oh ! ici c'eſt un mot polémique, auſſi vous voyez
comme il prête à une définition captieuſe.

Guillemet.

Oui, je vois qu'on pérore avec beaucoup d'ai-
ſance, & que ſans rien prouver, ce ton déciſif doit
laiſſer dans l'eſprit d'une infinité de lecteurs une per-
ſuaſion qu'ils ont compris tout ce qu'on a dit &
voulu dire.

Songecreux.

Courage, Meſſieurs, & *jouons ſerré.* N'eſt-il pas
vrai que ſi la *Folle Journée* étoit un ouvrage vraiment moral, tout ce que l'Auteur avance, & ſur-
tout aidé de ſa petite ménagerie, ſeroit victorieux ?
Mais malheureuſement il ne développe que les bons

B 4

principes, & fa Comédia y eſt diamétralement op-
poſée.

GUILLEMET.

Et c'eſt vrai ; car, encore une fois, un cadre
original où tous les perſonnages font aſſaut d'épigrammes & n'offrent que des vices ou des ridicules
fans correctifs, peut-il être regardé comme une Comédie propre à réformer les mœurs ? Quelle impreſſion cette Piece a-t-elle faite ? qu'en reſte-t-il, en
un mot, à ceux qui l'ont fuivie dans toutes fes repré-
fentations ?

L'IMPÉRATIF.

Le fouvenir de bien bonnes méchancetés, de
quelques quolibets d'une gaieté folle, que la tourbe
menue des Spectateurs n'a pas manqué de faifir avec
la même avidité que les fottifes des treteaux de la
Foire.

SONGECREUX.

Auſſi Jeannot & Figaro feront-ils époque dans les
annales des folies du fiecle.

L'ETRANGER.

Ce qu'il y a de certain, Meſſieurs, c'eſt ce que
l'Auteur dit au fujet de Moliere.

L'IMPÉRATIF.

D'accord, *Moliere* fut tourmenté, & fon ami *Boileau*
eſt très-louable d'avoir eu le courage de le défendre ; mais ce n'étoit pas feulement des bons mots,
des épigrammes que notre Juvénal défendoit, c'étoit

la réputation d'un Philosophe enjoué & profond, qui par ses travaux immortels méritoit d'être honoré de son siecle. Aussi Louis XIV n'a-t-il pas attendu la réclamation de Boileau, pour protéger ce grand homme, il l'auroit également fait sans le placet en question, mais il falloit d'abord laisser crier la cohorte; or toutes les grosses sottises qu'on a imprimées *avec approbation*, loin d'affoiblir l'effet de ses leçons sublimes, ajoute au contraire à sa gloire.

SONGECREUX.

Ici c'est bien différent, il ne s'agit pas d'athéisme, ni d'impiété, on attaque l'Ouvrage sans déshonorer l'Auteur.

L'IMPÉRATIF.

Au contraire nous convenons de ses talents, de son esprit, mais je crois qu'il est permis de dire qu'il n'a pas senti que sa Piece pouvoit être dangereuse; que s'il possede le secret d'amuser & de faire sourire la malignité, il n'arrache pas ce rire de l'ame, cette expension de joie subite que la force de la vérité & du naturel ne manque jamais d'exciter, & cela parce qu'on apperçoit plutôt l'Auteur en scene, que ses personnages. Aussi, Messieurs, je soutiens que la plupart des Pieces de notre Auteur ne peuvent fournir le fond d'une question approfondie sur leur validité, elles passeront avec l'enthousiasme qu'elles ont fait naître, & ce ne sera pas long.

L'ETRANGER.

Mais voyez donc un peu, Messieurs, le ton leste avec lequel cet Ecrivain parle au Public.

SONGECREUX.

Lefte, dites-vous ? vous êtes bien indulgent, Monfieur : pour moi, je le trouve injurieux, & c'eft fans doute encore une fineffe de l'art ; car dans le fait je fuis perfuadé que l'Auteur n'eft pas auffi fâché qu'il veut le faire croire, *& ce bon Public* n'eft ni pour lui, ni pour ceux qui font dans fon fecret, ce juge incorruptible, dont les arrêts ont déjà condamné fon Ouvrage.

L'ETRANGER.

Néanmoins, Meffieurs, applaudiffons de bonne foi à ce qu'il dit de fon *Eugénie.*

L'IMPÉRATIF.

Volontiers, & fi cette Piece n'a pas eu l'honneur de faire tourner tant de têtes qu'il le fait entendre, elle n'en reftera pas moins pour fa gloire. *Ses deux Amis* peuvent être auffi cités avec quelqu'avantage ; à l'égard du *Barbier de Séville*, ces cris, ces frayeurs n'étoient encore que le réfultat des circonftances.

SONGECREUX.

Toutes les fois qu'un gladiateur auffi redoutable fe préfentera dans des conjonctures femblables, il excitera des clameurs.

L'IMPÉRATIF.

Et il fera d'autant plus à craindre, que, comme il le dit fort-bien, *le Théatre eft un géant qui bleffe à mort tout ce qu'il frappe.*

D U R I M E T.

Meſſieurs , il y a long-temps que je vous écoute ,
& je crois que l'approbation d'un Prince , tel que
feu Mgr. le Prince de Conti , eſt un témoignage
qui milite bien en faveur de la *Folle Journée.*

S O N G E C R E U X.

Oui, du côté de la gaieté ; mais ne croyez pas
que ce Prince ait regardé cette Piece comme faite
pour réveiller dans le cœur du François le vieux mot
Patrie.

L' I M P É R A T I F.

Eh! ne voyez-vous pas que c'eſt un badinage ?

L' E T R A N G E R.

Un badinage ?

L' I M P É R A T I F.

Oui, un badinage ; car il n'eſt pas poſſible que
l'Auteur diſe ſérieuſement que ce Prince a été con-
tent de la *Folle Journée*, parce qu'il étoit d'un grand
caractere, un eſprit noble & fier ; ce ſeroit faire
entendre qu'il faut réunir toutes ces qualités pour
juger du mérite profond & de la ſublimité de cette
Piece. Or cette petite doſe d'amour paternel ſeroit
aſſez honnête.

D U R I M E T.

Eh, eh, Meſſieurs... c'eſt notre foible au moins.

L' I M P É R A T I F.

Et, ſelon toute apparence, eſſentiellement celui de
l'Auteur. Voyez comme il s'extaſie à chaque inf-

tant fur fes finefles, cependant je ne vois pas qu'il ait tendu un piege fi adroit à la critique, en déguifant le véritable titre de fa Piece.

SONGECREUX.

Non, afforément : trop fatisfait du nom célebre de *Figaro*, il fe feroit bien gardé de ne pas le conferver pour un Ouvrage deftiné à faire fuite de cet enfant gâté.

GUILLEMET.

Sans doute, c'eft un fubterfuge que la difcuffion a fait naître; & dans tous les cas, le titre de *l'Epoux fuborneur* en eft un très-excellent, s'il eut été traité felon les loix de la décence théatrale.

L'IMPÉRATIF.

Il fe feroit défendu de lui-même, & les honnêtes gens y auroient également couru en foule. Car fi l'influence de l'affiche eft néceffaire à un Auteur qui s'eft déjà fait redouter, elle n'a qu'un bien foible afcendant pour favorifer un Ouvrage que l'on fçait partir d'une plume qui ne s'exerce que pour tracer les devoirs des hommes, fans qu'on ait à craindre de reffentiments particuliers.

SONGECREUX.

Oui, mais comme notre Auteur veut s'affimiler à *Moliere* & *Regnard*, il n'eft pas mal à droit de tâcher de prouver qu'il a été plus fin qu'eux, en donnant le change à la meute qui l'auroit harcelé bien autrement s'il n'eut pas redouté la pifte.

L'Impératif.

Eh, non, Meffieurs, le titre de *l'Epoux fuborneur* ne pouvoit convenir à cette Piece ; la forme, pour me fervir du langage de *Brid-oifon*, l'emporte trop fur le fond.

Songecreux.

D'ailleurs, s'il eft quelquefois prudent d'éluder de certaines tracafferies, c'eft l'affaire du moment, & avec un peu de foupleffe on vient à bout de tout.

Durimet.

Cependant, Meffieurs, vous conviendrez que la *Folle Journée* a éprouvé bien des contrariétés, bien du retard.

L'Impératif.

Oui, encore un an de plus, cela faifoit juftement les dix années qu'il a fallu pour confommer le Siege de Troyes.

L'Etranger.

Comment ! vraiment il a fallu neuf ans pour faire paffer cette Piece ?

L'Impératif.

Et tout un comité de Cenfeurs, comme vous voyez.

L'Etranger.

Mais il y a donc-là un deffous de carte qu'on ne comprend pas.

L'Impératif.

Le deffous de carte eft que fi l'Auteur eut voulu

émouffer quelques traits, détourner de certaines allufions, cela auroit été plus rondement. Il eft vrai que la tendreffe paternelle en auroit fouffert un peu, car une girande en artifice fait un fuperbe effet, & l'on aime non feulement à brûler les manchettes, mais auffi un peu les doigts de certains curieux.

SONGECREUX.

Mais en vérité, Meffieurs, cet Ecrivain nous traite effectivement comme des *enfants qui braillent quand on les éberne.*

L'IMPÉRATIF.

Et nous le méritons, car enfin *il veut corriger les mœurs,* en nous expofant la foibleffe d'une grande Dame qui ne ceffe de mentir pour cacher fa honte, qui, fans refpect pour fon époux & pour elle-même, s'avilit en partageant l'audace de fes valets qui jouent leur Maître. *Il veut corriger les mœurs,* en déroutant les projets fuborneurs d'un grand Seigneur libertin, par l'intrigue & l'impudence de ces mêmes valets. *Il veut corriger les mœurs,* en offrant aux yeux de l'innocence, le tableau licencieux d'un jeune Page dont les premieres impulfions de la nature annoncent qu'il deviendra lui-même un dangereux fuborneur. *Il veut corriger les mœurs,* en mettant impunément aux prifes un ramas de fourbes & de libertins, pour mieux livrer à la dérifion publique un Juge imbécille & donner ce qu'on appelle le coup de fouet. Il veut enfin, *fatisfait du préfent, veiller pour l'avenir* dans la critique *du paffé ;* & nous, petits marmots, enfants volages & ingrats, têtes fans cervelle & incapables de juger de rien, nous prenons fottement l'alarme, & crions à la corruption. Aveugles que nous fommes, eft-ce ainfi que nous encourageons les grands hommes, ces puiffants génies, la lumiere du monde ?

SONGECREUX.

A fa place, je jetterois mon Théatre au feu, nous n'en fommes pas dignes.

L'ÉTRANGER.

Mais, Meffieurs, infenfiblement vous aurez critiqué mot à mot cette fameufe Préface; car s'il eft vrai que la Piece foit repréhenfible dans toutes fes parties, ce que vous venez de dire fuffit pour répondre à ce brillant verbiage avec lequel l'Auteur nous amene au paffage où il prétend que les honnêtes gens du fiecle ne faifant autre chofe que de fe déchirer les uns les autres, c'eft une regle trèsadmiffible au Théatre que d'ouvrir une pareille arene à la malignité des perfonnages.

L'IMPÉRATIF.

Oui, lorfque par des contraftes heureufement combinés, il réfulte de leurs débats une inftruction falutaire; mais, encore une fois, une fatyre mordante & faite fur-tout par des perfonnages abfolument tous vicieux, ne fert qu'à amufer la malice.

SONGECREUX.

N'eft-il pas vrai auffi, Meffieurs, que tout acceffoire

que soit le petit Page, il est fait pour scandaliser, & que, dans une Comédie sur-tout, le danger n'en est pas moins effectif pour n'être pas dans le sujet principal ?

L'ÉTRANGER.

Mais très-certainement, parce que les yeux de la multitude fixés sur un grand tableau, quittent bientôt tout ce qui peut tempérer des impressions dangereuses, pour ne s'attacher qu'à ce qui flatte ses passions ; & comme elle ne réfléchit pas assez pour tirer une moralité d'une exposition trop libre, le mal seul reste tout entier dans son imagination.

SONGECREUX.

Et voilà pour quoi le cœur est si souvent la dupe de l'esprit : c'est même le reproche qu'on est en droit de faire à de très-beaux Romans, à plus forte raison à une Comédie dont les personnages réellement existants, mettent en action ce qui est déjà très-pernicieux dans un simple récit.

L'IMPÉRATIF.

L'Auteur sent si bien la foiblesse de sa défense en faveur de cet enfant chéri, que pour détourner la réflexion il termine par une ironie.

SONGECREUX.

Oui, Messieurs, je trouve cette Piece tellement dangereuse, que, pour me servir du lengage de l'Auteur, je dirois volontiers publiquement & à haute voix : « O vous, jeunes personnes modestes & timides,

qui

qui vous plaifez à la *Folle Journée*, écoutez les confeils d'un véritable ami, & défiez-vous d'un enchanteur qui vous flatte & vous implore avec tant de douceur. Lorf-que vous verrez dans le monde un de ces hommes qui ne refpirent que l'amour des plaifirs, qui ne s'agitent que pour jouir des vanités du fiecle, examinez bien cet homme-là, fçachez fon rang, fon état, fon ca-raĉtere, & vous connoîtrez fur-le-champ fi fon lan-gage féduĉteur doit être préféré aux fages préceptes d'une faine morale ».

L'Impératif.

Ce qui prouve encore avec nous, Meffieurs, que la Piece n'eft nullement fufceptible de moralité, c'eft le retranchement que les Comédiens ont fait de la fcene de Marcelline. Ces Meffieurs ont fenti qu'elle feroit difparate dans un ouvrage qui n'appar-tient qu'à la folie.

Guillemet.

Vous aurez beau dire, Meffieurs, l'Auteur en revient toujours à *Moliere*, & prétend, à quelque prix que ce foit, juftifier fes principes par ceux de ce grand homme.

Songecreux.

Sans doute, mais rien n'eft plus faux. Le Mifan-thrope eft un ouvrage grave & philofophique, dont tout l'enfemble forme le tableau le plus inftruĉtif fur les travers & les vices de la fociété. C'eft un tri-bunal févere, où la folie ne fait pas perdre le fruit

C

des arrêts qui s'y prononcent. La *Folle Journée* au contraire eſt un ouvrage de marquéterie, un arſe-nal où l'on n'entend que des coups de mouſqueterie, qui font bien briller l'adreſſe de l'Auteur, mais qui ne peuvent corriger ceux qui en ſont frappés.

L'Impératif.

Mais que fait donc notre ami Pinceſerré ? Je crois, Dieu me pardonne, qu'il jette ſur le papier notre entretien.

Pinceserré.

C'eſt vrai, Meſſieurs : continuez, & voilà ma beſo-gne toute faite.

L'Etranger.

Comment ſa beſogne ?

L'Impératif.

Mais oui, il en va faire l'article critique, qu'il fournit aſſez volontiers dans les Journaux.

L'Etranger.

Et vous le nommez ? . . .

L'Impératif.

Pinceſerré.

L'Etranger.

Et c'eſt votre ami ?

L'Impératif.

Comme les autres.

L'Etranger.

Courage, Meſſieurs, cela vous fait honneur. Cependant, fi vous m'en croyez, vous ne fouffrirez pas que le cher ami mette au jour notre converfation. Voulez-vous qu'on nous faffe le même reproche qu'à la préface, qui ne refpire que guerre & vengeance ?

L' I M P É R A T I F.

Pourquoi donc ? Nous n'avons rien dit d'injurieux contre cet Ecrivain, dont nous eftimons d'ailleurs les vrais talens. S'il a pu faire paroître fon ouvrage, celui-ci doit à plus forte raifon avoir le même avantage, puifqu'il convient lui-même que la critique eft utile. En effet ne feroit il pas fâcheux que les raifons fpécieufes qu'il déduit en faveur de fa Piece, devinffent des autorités pour nos jeunes Auteurs dramatiques ?

L' E T R A N G R.

Il eft vrai que cette préface eft très-infidieufe, & il ne faut qu'un fuccès auffi brillant, pour voir introduire fur la fcene des Dom Japhet, plutôt que de bonnes Comédies.

L' I M P É R A T I F.

Vous voyez donc bien, Monfieur, que la critique ici devient néceffaire.

D U R I M E T.

Oui, mais nous aurons notre tour; & moi, Meffieurs, je redoute de certains ennemis. Auffi lorfque je fais jouer une Piece au Théatre, je m'arrange en conféquence, &, grace à mes amis, j'ai au moins toujours une apparence de fuccès.

PINCESERRÉ.

Pour l'impreſſion, c'eſt différent, n'eſt-il pás vrai ?

DURIMET.

Oh ! c'eſt l'affaire de mon Libraire, la mienne eſt faite à moi.

PINCESERRÉ.

Eh bien ! Meſſieurs, où en ſommes-nous ? Voyons... je vous attends.

L'IMPÉRATIF.

Mais voilà à-peu-près ce que nous avions à dire en ce qui regarde ia *Folle Journée*, le reſte nous jetteroit dans une diſcuſſion moins épineuſe que délicate.

PINCESERRÉ.

En ce cas, je vais faire uſage de ceci, en atten-dant que vous me mettiez vous-même à portée d'exercer mes petits talents ſur vos propres ouvrages. Adieu, Meſſieurs. Vous avez vos amis, j'ai les miens, & voici notre ſignal.

(*Il tire de ſa poche un ſifflet, & ſiffle.*)

SCENE V.

UN MUSICIEN *qui chantoit à une des tables du Café; les précédents.*

LE MUSICIEN.

Qu'est-ce à dire, Monsieur ! Pourquoi donc siffler lorsque je chante, & que trouvez-vous de mauvais à ma musique ?

PINCESERRÉ.

Moi, Monsieur ? je ne vous entends pas seulement.

LE MUSICIEN.

Sans doute, voilà comme la plupart des gens portent des jugements. Travaillez. Vous avez entendu. Vous, Messieurs, qu'en dites-vous ?

L'IMPÉRATIF.

Nous ? pas plus que Monsieur.

LE MUSICIEN.

Mais vous n'avez donc point d'oreilles ?

PINCESERRÉ.

Nous les gardons pour l'Opéra.

LE MUSICIEN.

L'Opéra ?.... Oh ! en ce cas, je les retiens pour cet hiver, j'ai là de quoi les exercer ; mais, de grace, point de sifflet.

C 3

PINCESERRÉ.

Vous aurez donc des Ballets ?

LE MUSICIEN.

Oh ! j'en ai mis par-tout. J'ai trop bien vu ce qui en étoit.

PINCESERRÉ.

A la bonne heure, les yeux alors tiennent lieu d'oreilles, & l'on en a au moins pour son argent.

LE MUSICIEN.

Mais, Messieurs, je ne sçais, ce mot d'oreille tombe donc sur la musique ? Est-ce parce que Monsieur Durimet que voici, a raté quelques Poëmes, que vous voulez l'en consoler à nos dépens ?

DURIMET.

Qu'appellez-vous raté ?

LE MUSICIEN.

Oui, Monsieur, relisez les Feuilles Périodiques, elles se connoissent en paroles au moins.

DURIMET.

Oui, mais Messieurs les Rédacteurs ne sçavent pas ce qui se passe dans le cabinet, & combien il faut faire de sacrifices avec vous autres Messieurs les Musiciens.

LE MUSICIEN.

Mauvaise défaite, Monsieur, mauvaise défaite. Qu'on nous donne de bons Poëmes, & l'on aura de la musique actuellement. Mais que faites-vous donc, Monsieur ?

(*Un Particulier se leve brusquement & enleve la perruque de Pinceserré.*)

SCENE VI.

LE PERRUQUIER, *les précédents.*

LE PERRUQUIER, *tenant la perruque.*

QUE j'aie au moins ce qui en reſte.

PINCESERRÉ, *tête nue.*

O rage, ô déſeſpoir, ô perruque ma mie !
N'as-tu donc tant vécu que pour cette infamie ?

PARNASSOT, *au Perruquier.*

Comment, Monſieur ! Que ſignifie cette mauvaiſe plaiſanterie ?

LE PERRUQUIER.

Eh ! non parbleu, c'eſt très-ſérieux, il y a aſſez long-tems que Monſieur ſe coëffe à mes dépens, je prends mon bien où je le trouve.

PARNASSOT.

Croyez-moi, Monſieur, rendez cette perruque, ou je vais envoyer chercher la Garde.

PINCESERRÉ.

Sans doute, c'eſt ici la cauſe commune ; (*il ſe retourne vis-à-vis de ſes Confreres.*) & ces Meſſieurs ne ſouffriront pas. ..

PLUSIEURS PARTICULIERS *ſe levent.*

Pardonnez-moi, ces Meſſieurs permettront que d'honnêtes Créanciers reglent enfin leurs affaires.

C 4

Durimet.

Sauvons-nous, j'apperçois mon Tailleur.

Songecreux, *& quelques autres.*

Et nous notre Imprimeur. *Ils se retirent.*

Le Tailleur.

Ils sortent, mais leur tour viendra. *A l'Impératif.*
Allons, Monsieur, expédiez-vous de bonne grace,
rendez-moi mon habit.

(*Il l'aide à le retirer, & l'on apperçoit que le der-
riere de la veste de l'Auteur est fait d'un vieux
plan de Paris collé sur toile.*)

Un Créancier.

Oh! par exemple, voilà qui est très-plaisant, le plan
de Paris.

Un Créancier, *portant le doigt sur le plan.*

Hélas! oui, j'apperçois justement l'Hôpital, où
pour avoir fait trop de crédit à ces Messieurs, il
faudra que j'aille comme les autres.

Le Tailleur.

Et moi, les Petites-Maisons.

Le Perruquier, *à Pinceserré.*

Monsieur est donc comme le limaçon?

Pinceserré, *en veste, rit de tout son cœur.*

Parbleu, Messieurs, que je vous embrasse, vous
me rendez le plus grand service.

Le Tailleur.

Eh! Monsieur, que ne parliez-vous plutôt, mon
habit ne seroit pas si usé?

PINCESERRÉ.

Ma fortune eſt faite.

LE PERRUQUIER.

Il eſt devenu fou, ma foi.

PINCESERRÉ.

Quoi! vous ne voyez pas combien cette ſcene peut être comique, & tout le parti que je vais en tirer? Ah! vous m'avez déshabillé; mes petits Meſſieurs, comme je vais vous draper à mon tour! comme on rira à vos dépens! — Eh! vîte de l'encre & du papier, que j'expoſe tous ces gens-là ſur les treteaux de la Foire, à la riſée publique....! Bon, plaçons-nous là.

LE PERRUQUIER.

Que va-t-il donc faire? des Billets, je n'en veux pas.

PINCESERRÉ.

Eh! non, ce ſont vos portraits à vous connoître d'une lieue. *Il écrit... Monſieur Toupet.*

LE PERRUQUIER.

Quoi! par mon nom?

PINCESERRÉ.

Mais, certainement.

LE TAILLEUR.

Ma foi, Meſſieurs, il le feroit comme il le dit, & je vous avoue que je n'aime point à prêter à rire à mes dépens.

LE PERRUQUIER.

Mais taifez-vous donc, nous fçaurons bien l'en empêcher.

LE TAILLEUR.

Eh! non, non, ces diables de gens-là ont une maniere de préfenter les chofes.... Vous fouvenez-vous que nous avons tous reconnu aux Boulevards plufieurs de nos amis, & que nous les badinïons avec les mêmes plaifanteries qu'on avoit faites fur leur compte ?

PINCESERRÉ.

Vous êtes mariés, Meffieurs ? — Vous avez des filles ? — Bon, laiffez-moi faire.

LE TAILLEUR.

Croyez-moi, mes amis, nous avons fait une fottife.

UN CRÉANCIER.

Le moyen de la réparer ?

LE TAILLEUR.

C'eft de lui rendre fes affaires & même de lui donner quittance en difant que nous voulions nous amufer.

LE PERRUQUIER.

Mais il ne nous croira pas. — *Il écrit toujours.*

LE TAILLEUR.

Monfieur ? Monfieur ?

PINCESERRÉ.

Oh! laiffez-moi... ne me faites pas perdre mes idées.

LE PERRUQUIER.

Mais, Monfieur, encore une fois, écoutez-nous.

PINCESERRÉ.

Non, emportez vos effets, vous voilà payé, je me rhabille ici, moi.

LE TAILLEUR.

De grace, Monfieur, puifque celui-ci eft tout fait, vous avez dû voir que je badinois.

PINCESERRÉ.

Et moi auffi, je badine ; rira bien qui rira le dernier.

LE PERRUQUIER.

Oh par ma foi, mon ami Frippart, on te prend mefure.

LE TAILLEUR.

J'efpere bien qu'il te donnera auffi une bonne perruque.

PINCESERRÉ.

J'y fuis juftement.

LE PERRUQUIER.

Tenez, Monfieur, nous voyons bien que vous avez plus d'efprit que nous & qu'il ne faut pas s'y jouer, reprenez le tout, & voilà une quittance générale.

PINCESERRÉ.

Une quittance, dites-vous ?

LE TAILLEUR.

Oui, Monsieur, qu'il ne soit plus question de rien.

PINCESERRÉ.

A la bonne heure, mais vous comprenez bien que je ne perds pas ainsi mes idées. — C'est mon commerce, à moi. *Il montre son papier.*

LE TAILLEUR.

Il n'y a encore que quelques lignes.

PINCESERRÉ.

Peu de paroles & fort de choses. — Voilà l'art. D'ailleurs l'esprit chez nous est comme une piece de drap avec vous autres, il prête à volonté. Oui, beaux masques, vous êtes déjà en scene.

LE TAILLEUR.

Mais c'est un miracle que cela ; pourquoi donc avec un métier si expéditif n'êtes-vous pas plus riches, Messieurs ?

PINCESERRÉ.

Pourquoi ? parce qu'il n'y a pas de balance aussi juste pour l'esprit que pour le galon, M. Frippart.

LE PERRUQUIER.

Voilà encore un coup de patte.

PINCESERRÉ.

Et qu'on ne fait pas d'un canevas tout ce qu'on veut comme vous, M. Toupet, qui sçavez si bien étendre les vôtres.

LE TAILLEUR.

A toi la balle, notre ami.

LE PERRUQUIER.

Oh ! par ma foi, traitons avec lui. — Voyons, Monſieur, quel prix mettez-vous à cette Piece?

PINCESERRÉ.

Mais, cela dépend du titre que je lui donnerois; car vous ſçavez, avec l'Auteur de la *Folle Journée*, que l'influence de l'affiche fait beaucoup.

LE TAILLEUR.

C'eſt vrai, Monſieur, mais il faudroit avoir autant de malice & d'eſprit que lui.

PINCESERRÉ.

Oh! pour de la malice, j'en ferois défi. — Pour de l'eſprit, on a toujours aſſez de celui-là, le reſte dépend du jeu des Acteurs. — D'ailleurs, Meſſieurs, c'eſt à vous à vous mettre à prix. — Voyons, combien eſtimez-vous votre réputation?

LE PERRUQUIER.

Comment ! vous auriez été juſques-là?

PINCESERRÉ.

Mais que pourſuivroit-on au Théatre? les vices, les ridicules ſeulement? cela vaut bien la peine d'écrire.

LE TAILLEUR.

Ah! Meſſieurs, où en ſommes-nous? nous avons fait là une belle affaire.

PINCESERRÉ.

Tenez, Meſſieurs, terminons, je fais imprimer un Drame à grands points... un Roman bien tendre, bien larmoyant... arrangez-vous pour les frais avec Monſieur, (*Il montre l'Imprimeur.*) & nous partagerons le bénéfice; à l'égard du comptant que je pourrois exiger, j'irai réguliérement manger chez vous à tour de rôle.

LE PERRUQUIER.

Moi, Monſieur, j'aime mieux payer mon tour en argent.

PINCESERRÉ.

Soit, ferez-vous chez vous dans une heure?

LE PERRUQUIER.

Oui, je vous y attends. — (*A part.*) Laiſſe-moi faire, quand je te tiendrai, nous verrons.

PINCESERRÉ, *ſe rhabillant.*

Voyons, M. Frippart, aidez-moi un peu, & vous, M. Toupet. Bon... Ainſi, Meſſieurs, voilà qui eſt arrêté.

LE TAILLEUR.

Oui, Monſieur.

PINCESERRÉ.

Que diable auſſi, il n'y a que maniere de s'entendre, vous êtes les meilleures gens du monde.

LE PERRUQUIER.

Oui, mais nous avions beſoin de cette petite leçon,

pour nous apprendre à ne pas nous fourrer avec vous autres, Meſſieurs les beaux-eſprits.

PINCESERRÉ.

Pourquoi donc ? il faut bien que quelqu'un nous défraie ; auſſi un de nous a-t-il dit fort plaiſamment :

Le ſuperflu des ſots eſt notre patrimoine.

Pardon, Meſſieurs, mais voìci un de mes amis qui entre. (*Les Créanciers ſortent.*)

SCENE VII.

LIMEDOUCE, PLUSIEURS AUTEURS.

LIMEDOUCE.

AH! c'eſt toi, mon ami, je te cherchois.

PINCESERRÉ.

Eh ! qu'as tu donc, mon cher Limedouce ? comme te voilà fait ?

LIMEDOUCE.

Eh vîte, Meſſieurs ! *le tocſin, le tocſin*, nous allons être joués à notre tour. — On annonce une Pìece ſous le titre *des Auteurs modernes*.

DURIMET, *qui eſt rentré avec les autres.*

Qu'as-tu à craindre, toi qui ne traduit que du grec ?

LIMEDOUCE.

Oui, mais on connoît mes Mélanges.

L'Impératif.

Eh non ! ne crains, rien , c'eſt à nous autres qu'on s'adreſſe. De quelle fabrique eſt la Piece ?

Limedouce.

Mais ſelon toute apparence, de celle que vous vous êtes aviſés de mettre en ſcene.

Pinceserré.

De chez les Docteurs modernes?

Limedouce.

Juſtement , & voici même un de leurs adeptes , qui veut bien être de mes amis, que je vous amene tout exprès.

L'Impératif.

Monſieur magnétiſe donc?

L'Adepte.

Oui, Monſieur , & ma préſence ſeule a dû en avertir.

Durimet.

Mais , en effet , de certains vertiges...

L'Adepte.

Oh ! ce n'eſt point avec vous autres, Meſſieurs, que ces ſortes de ſignes marquent une nouvelle ſituation. Vous êtes, ſans le Magnétiſme, toujours en criſe à cet égard.

Guillemet.

Mais enfin , Monſieur, nous ſentons bien une certaine chaleur... certains chatouillements... de grace, finiſſez ces geſtes-là, & éloignez-vous un peu.

L'Adepte.

L' A D E P T E.

Eh non, Meſſieurs! c'eſt l'imagination ſeule qui fait ſon effet. Ah! vous nous avez badinés.

U N A U T E U R T R A G I Q U E.

Je n'y tiens pas. — Il faut que je déclame. (*Il déclame une Scene de l'Electre de Crébillon.*)

L' A D E P T E, *à part*.

Bon, le Magnétiſme opere & chacun va agir ſuivant ſon caractere.

(*Un Auteur Comique ſe leve & joue une partie de la premiere Scene d'Amphitrion, un Muſicien chante, un Danſeur fait des caprioles : c'eſt une cacophonie générale, &c. &c.*)

P A R N A S S O T A L' E T R A N G E R.

Eh bien ! Monſieur, vous attendiez-vous à cela ? — Voilà pourtant un échantillon de ce qui ſe paſſe ici preſque tous les jours.

L' E T R A N G E R.

Ma foi, Monſieur, je changerois l'inſcription de mon Café, & je mettrois, *les Petites - Maiſons.* Mais, un moment, cela devient ſérieux; la frénéſie s'en mêle.

(*Une partie des Gens du Café font diverſes contorſions, courent çà & là, ſe prennent & font des moulinets.*)

L' A D E P T E A L' E T R A N G E R.

Ne craignez rien, Monſieur, c'eſt l'effet du fluide,

D

un redoublement de crife, mais ça ne fera pas long.

PARNASSOT.

Mais, Monfieur, ces gens-là entrent en fureur! Eh! bon dieu, où vont-ils?

(*Ils courent à la Bibliotheque, plufieurs à la fois, s'emparent des Brochures & fe les lancent à la tête.*)

Doucement donc, Meffieurs, doucement donc, il n'eft pas queftion ici d'un Lutrin.

L'IMPÉRATIF, *fe jetant fur un banc.*

Ah! je me fens foulagé. J'avois befoin d'être frappé de ce recueil de Lettres pour me rafraîchir. J'ai même un peu trop froid.

L'AUTEUR TRAGIQUE.

Et moi, cette Tragédie me fera faire un mauvais coup, j'empoifonnerai quelqu'un.

DURIMET.

Eh! vîte endormons-le, frottons-le de ce Drame.

PARNASSOT A L'ADEPTE.

Pardieu! Monfieur, fi votre baquet étoit ici, je vous y noierois. Voilà un Café bien arrangé!

L'ADEPTE.

Cela apprendra à ces Meffieurs à nier l'exiftence du fluide, à nous tourner en ridicule. Adoucias, Meffieurs les Auteurs modernes; adoucias, nous vous attendons au Théatre à notre tour.

PARNASSOT.

Croyez-moi, Meffieurs, allez prendre un peu l'air
& laiffez-nous réparer ce défordre.

PINCESERRÉ.

Oui, allons nous répandre dans les Cafés.

DURIMET.

Et arrangeons-nous de façon à faire tomber la Piece
de ces Meffieurs.

L'ETRANGER A PARNASSOT.

Eh bien! Monfieur, où eft le bénéfice ?

PARNASSOT.

Il eft vrai que nous avons été un peu troublés ce
matin ; mais tout cela tournera à mon avantage,
parce que mon Café, femblable à ceux où l'on s'af-
femble pour raifonner guerre & politique, la paix
me couperoit la gorge.

L'ETRANGER.

Oh! en ce cas vous ferez fortune. Adieu, Monfieur, nous nous reverrons.

PARNASSOT.

Fort bien, Monfieur. Sauvelarime? de la Céfure?
allons, mes enfants, dépêchons - nous, ramaffons
toutes ces Brochures, & qu'elles ne voient plus le
jour.

SAUVELARIME.

Les pauvres diableffes! pour une fois c'étoit bien
la peine! (*Il veut les remettre dans la Bibliotheque.*)

PARNASSOT.

Eh ! non, pareil tour arriveroit encore, au feu, au feu tout cela.

LA CÉSURE.

Quoi ! les Romans, les Comédies !

PARNASSOT.

Les Tragédies mêmes , je ne veux plus de fcenes ici.

SAUVELARIME.

Mais au moins, Monſieur, permettez que je vous les achete au poids.

PARNASSOT.

A la bonne heure, je ne perdrai pas tout.

SAUVELARIME.

Bon, voilà ce qui s'appelle avoir une Bibliotheque à bon marché.

LA CÉSURE.

Mais pas ſi bon marché, cela ne laiſſe pas que de peſer... Quelqu'un vient, répondons.

SCENE VIII & *derniere.*

UN EXEMT, *les précédents.*

L'EXEMT A PARNASSOT.

Monsieur, le bruit qui s'eſt fait ici a cauſé un peu trop de ſcandale, & comme cela pourroit recommencer, ſur-tout aujourd'hui que l'on donne la nouvelle Piece, j'ai ordre de vous dire de fermer votre Café juſqu'à demain.

PARNASSOT.

Mais, Monſieur, vous voyez que tout eſt fini, il n'y a plus perſonne.

L'EXEMT.

C'eſt juſte, mais les eſprits ſont échauffés. Croyez-moi, obéiſſez.

PARNASSOT.

Il le faut bien... Peſte ſoit de ce maudit Adepte !

L'EXEMT.

Que voulez-vous, mon ami, les hommes deviennent quelquefois ſi enfants ou ſi fous, qu'il eſt heureux que la ſageſſe publique ſoit toujours là pour prévenir leurs ſottiſes.

PARNASSOT.

Il eſt vrai que cette diableſſe d'affiche des *Auteurs modernes* eſt un pavillon de révolte. Celle des Docteurs n'attaquoit que quelques frêlons qui vouloient s'introduire, & le tout s'eft arrangé en faifant rire & chanter, au lieu qu'ici c'eft effaroucher toute une ruche que de menacer le Peuple Auteur.

L' E x e m t.

Tout finira auffi par des fatyres ou des chanfons; mais il faut donner le temps de trouver l'air. Adieu, Monfieur Parnaffot.

P a r n a s s o t.

Adieu, Monfieur, je vais fermer.

(On baiffe la toile.)

Un Acteur vient annoncer.

Messieurs, nous allons avoir l'honneur de vous donner les *Auteurs modernes :* l'Auteur fenfible aux applaudiffements que vous avez bien voulu accorder à cette bagatelle, me charge de vous prévenir que fi, par réflexion, vous trouviez que ce Prologue vient un peu tard, & que par conféquent il a plutôt l'air d'un acharnement contre la *Folle Journée*, que d'une critique fuggérée par un but utile, qu'il y a plus de trois mois qu'il auroit vu le jour, fans un malheur furvenu au Copifte.

Ce pauvre garçon dont la fenfibilité eft extrême, copioit les rôles d'une Tragédie ; les fcenes en étoient fi lugubres qu'elles troublerent fon cerveau au point qu'il s'imagina être le Tyran qu'on devoit exhumer en plein Théatre, pour fervir de dénouement à cette Piece. En effet, il s'aliene tellement, que renversant ses meubles & poussant des hurlements affreux en déclamant les vers de la Tragédie, il met tout le voisinage en alarme. Chacun croit qu'on l'égorge ou que le feu est chez lui. Le premier mouvement fut donc d'enfoncer la porte. Mon homme, frappé de plus d'épouvante, croit fermement qu'on vient pour l'exhumer. La rage, le désespoir le rend furieux, d'une voix de tonnerre il s'écrie:

Barbares! arrêtez; respectez votre Roi:
Touchez, si vous l'osez, à cette urne fatale.

Un Chirurgien qui étoit là, plus hardi qu'une multitude de femmes & d'enfants, qui, tous tremblants, mêloient leurs cris à ceux de cet énergumene, voyant bien qu'il étoit fou, s'empara de lui & le fit mettre aussi-tôt dans une cuve d'eau froide, puis au moyen d'une ample saignée, parvint à l'appaiser.

On sçut alors la cause de sa folie; le Chirurgien jugea donc qu'à l'aide des calmants, il falloit encore écarter tout ce qui pouvoit agiter trop vivement le genre nerveux de cet homme; six manuscrits de Drames & quatre de Tragédies qui couvroient une table, furent enlevés, & il y substitua les Théatres de *Racine* & de *Moliere*, en ordonnant au malade, pour régime essentiel, de les lire pendant un mois. Cette ordonnance a si bien opéré que mon Copiste a repris toute sa raison & sa tranquillité. Or, Mesfieurs, vous jugez que dans un pareil défordre le manufcrit de l'Auteur a couru gros rifque; ce n'eft même que depuis quinze jours qu'il a été retrouvé, prenez-vous-en donc à ces Ouvrages triftes & lugubres; ce n'eft pas le premier tour qu'ils jouent à l'Auteur lui-même; il n'oubliera de fa vie l'oppreffion dont il a été très-incommodé en allant voir un jour repréfenter un de ces Drames.

Quant à nous, Meffieurs, nous ferons toujours nos efforts pour mériter la bienveillance dont vous daignez nous honorer, en ne vous offrant que des Ouvrages dictés par la raifon, le goût & fur-tout la gaieté.

Cette derniere phrafe fervira peut-être d'épigramme contre notre Prologue; ne vous gênez pas, Meffieurs, c'eft en quelque forte pour cela que je l'ai faite.

F I N.

TABLE

Des matieres contenues dans le premier volume.

TABLE

FABLES par l'Auteur.

VARIÉTÉS.

C O U P L E T S.

CANTATES.

MADRIGAUX.

PORTRAITS.

CONTES.

ÉPIGRAMES.

COMÉDIES.

Fin de la Table du premier volume.

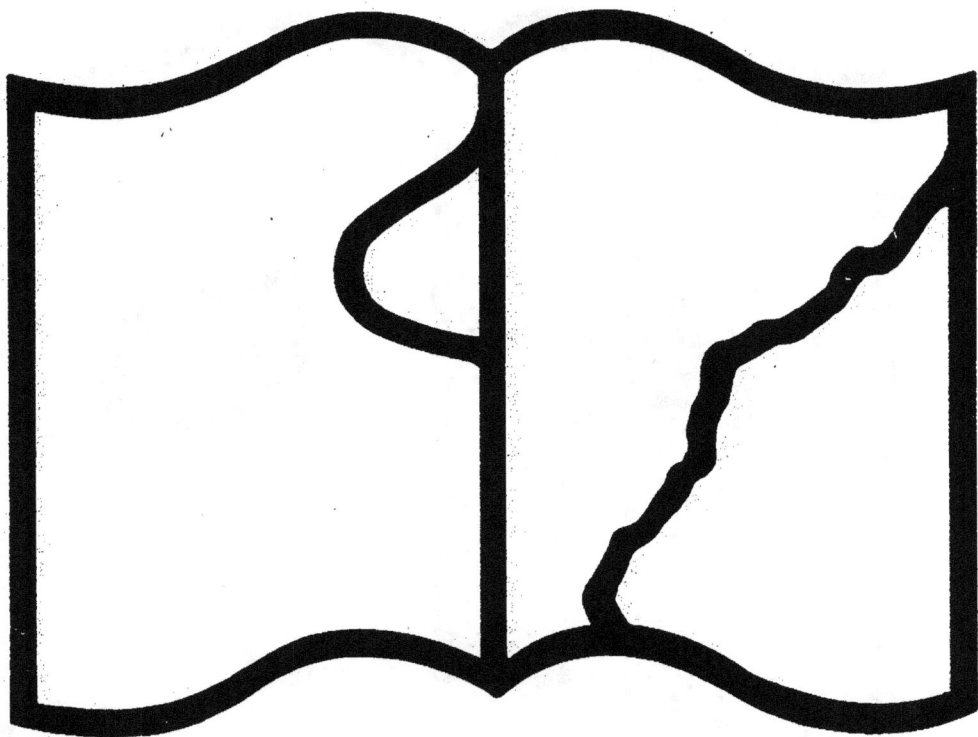

Texte détérioré — reliure défectueuse

NF Z 43 120 11

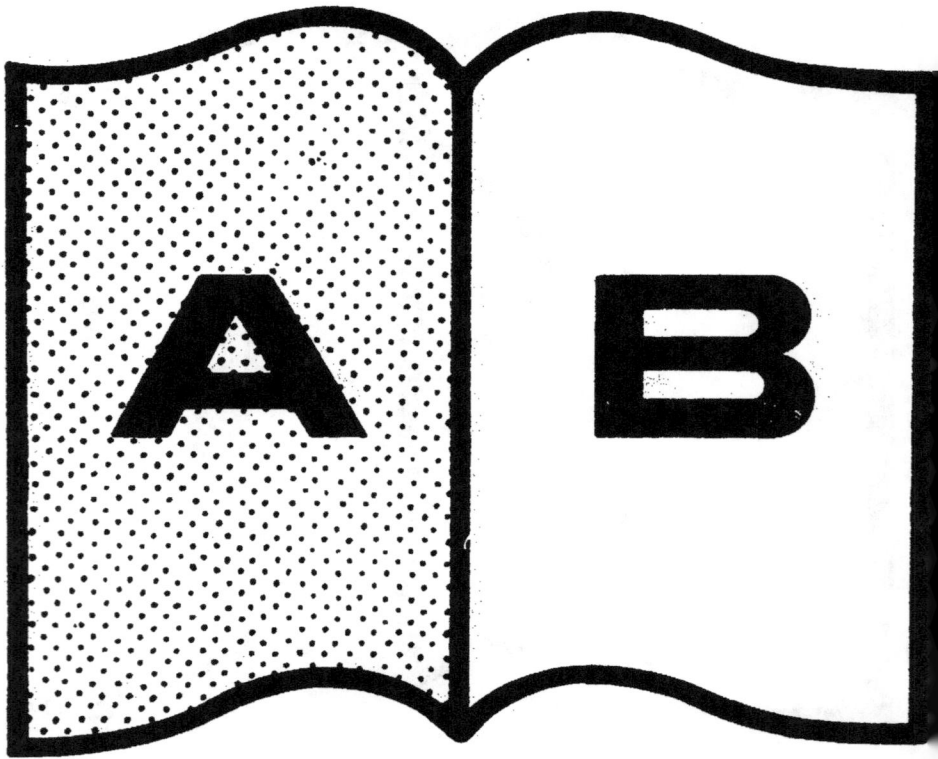

Contraste insuffisant

NF Z 43-120-14